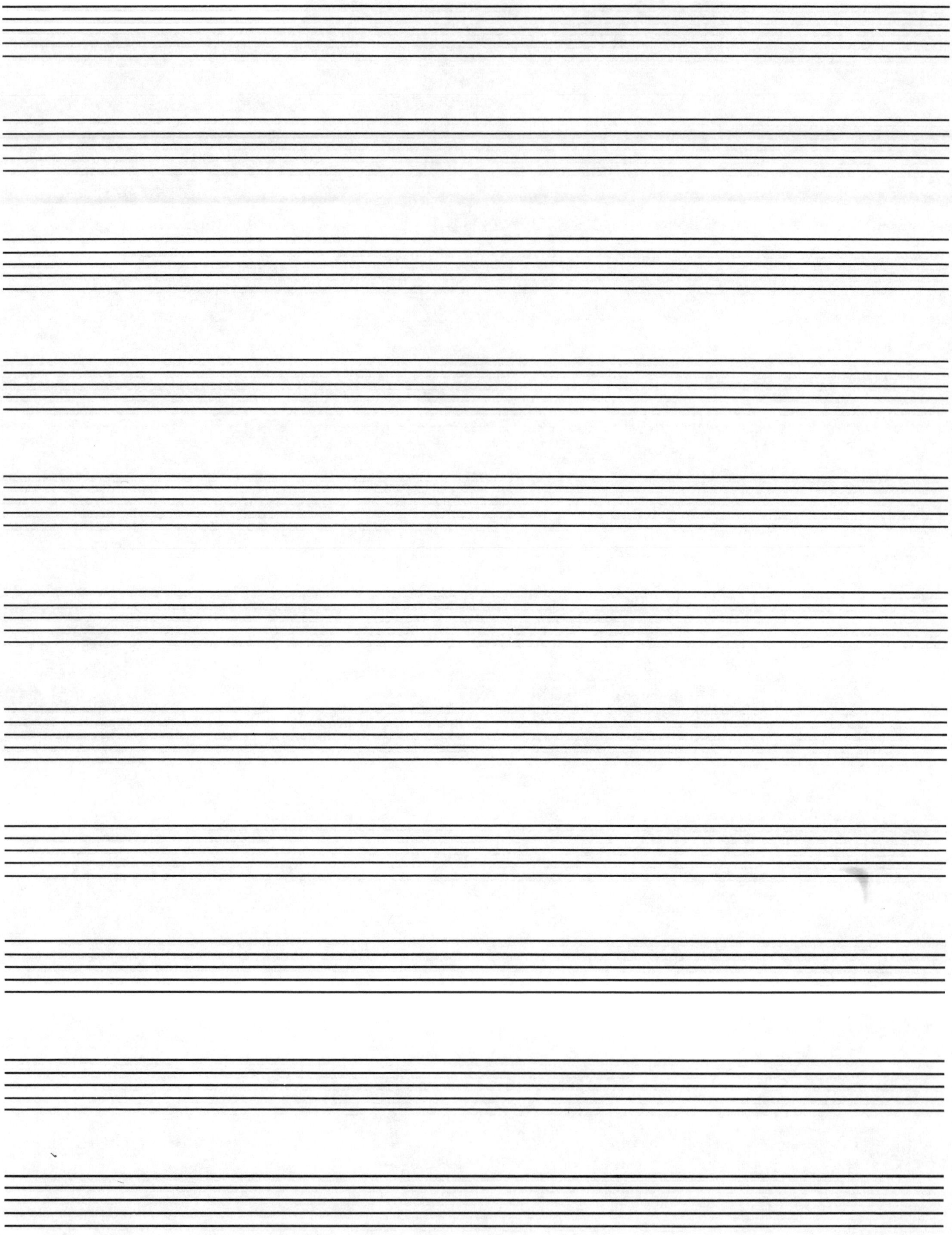

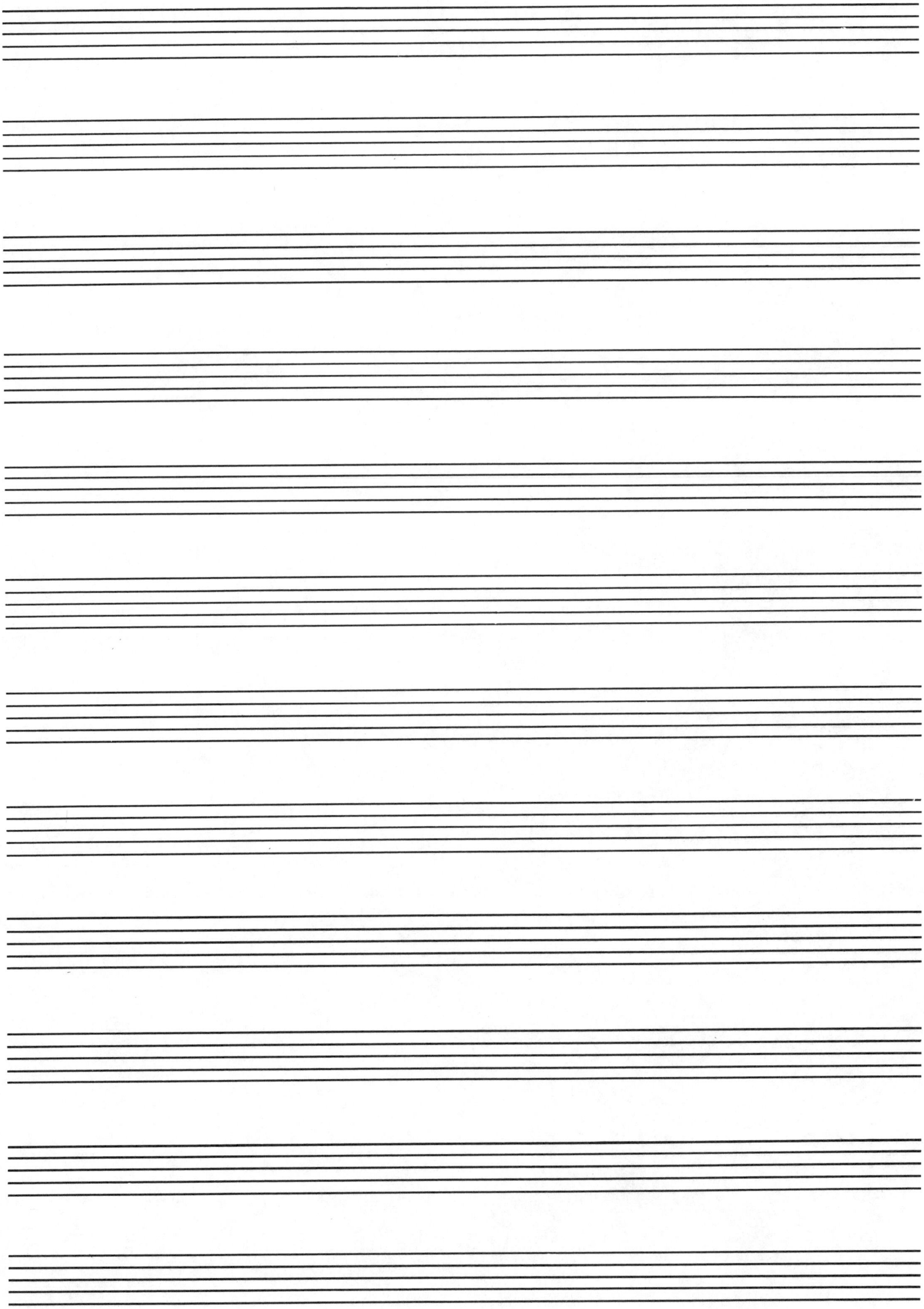

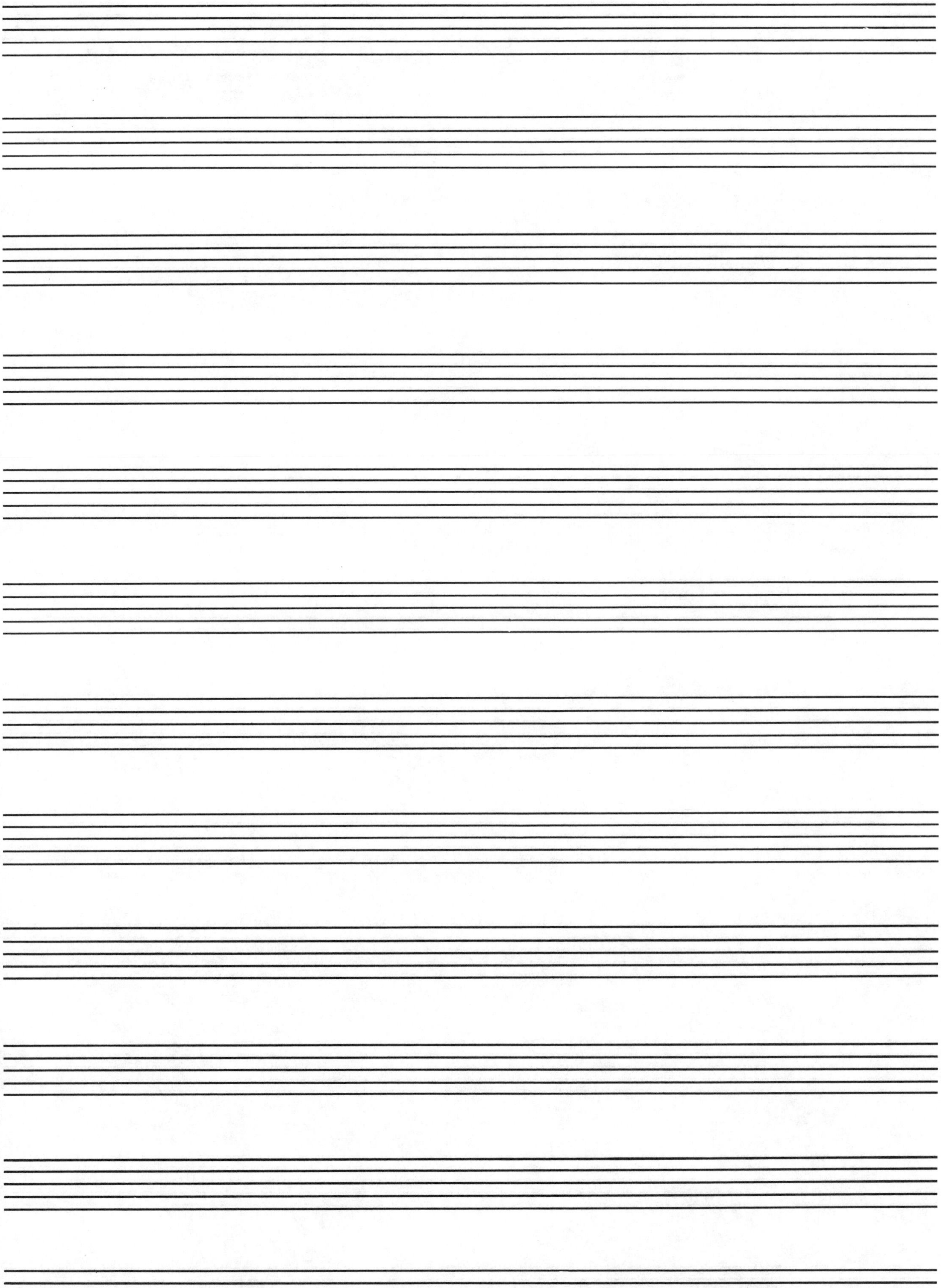

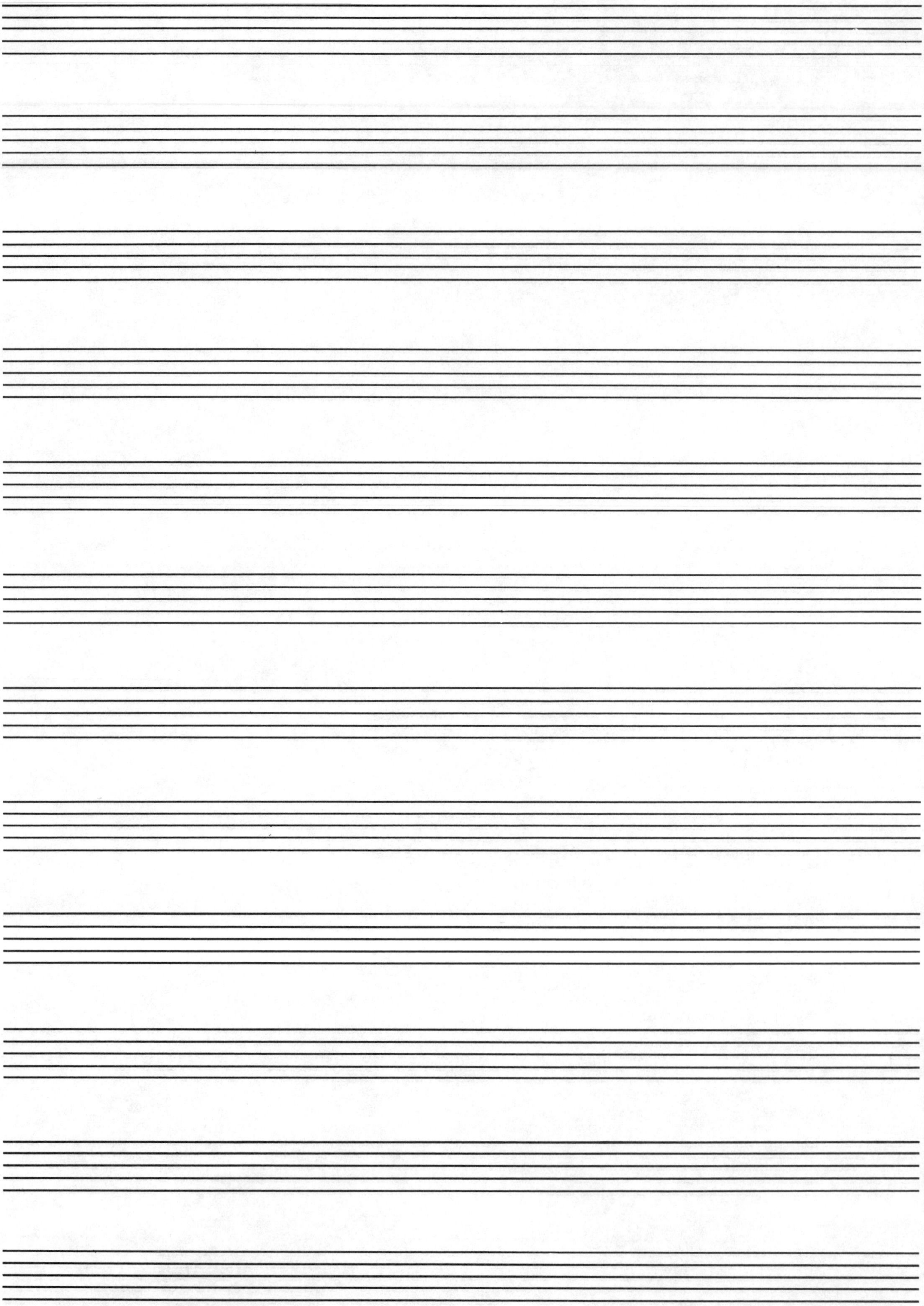

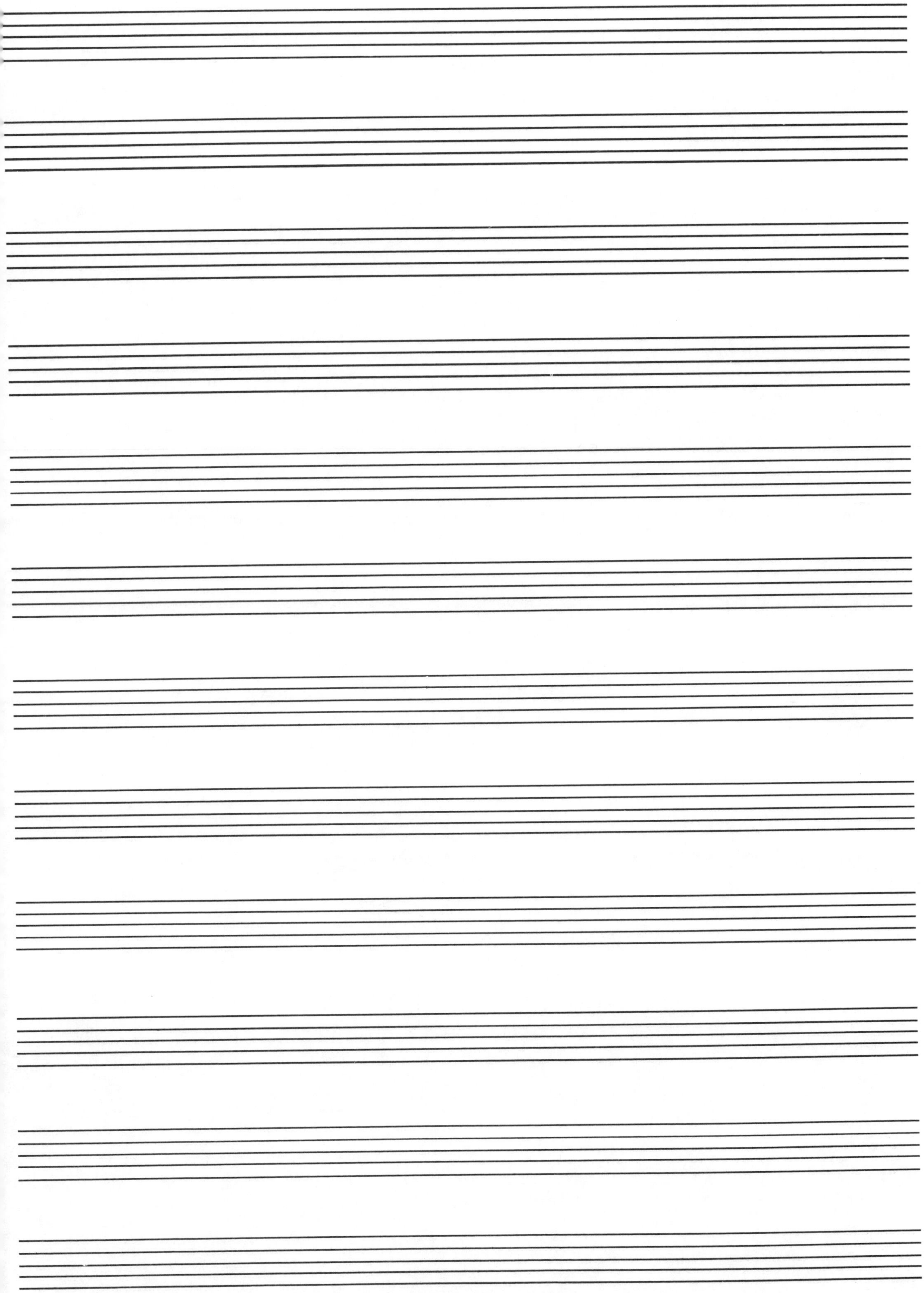

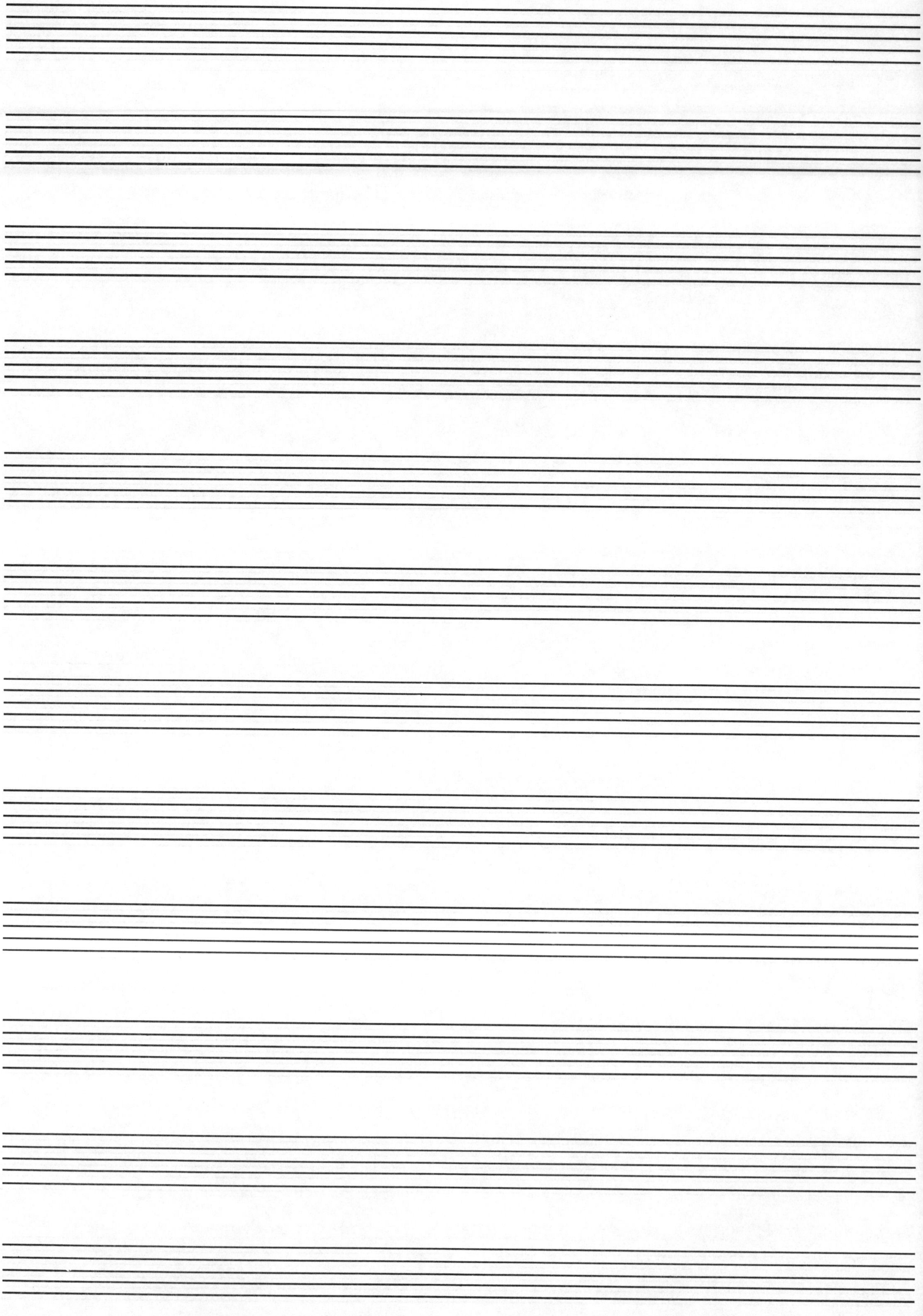

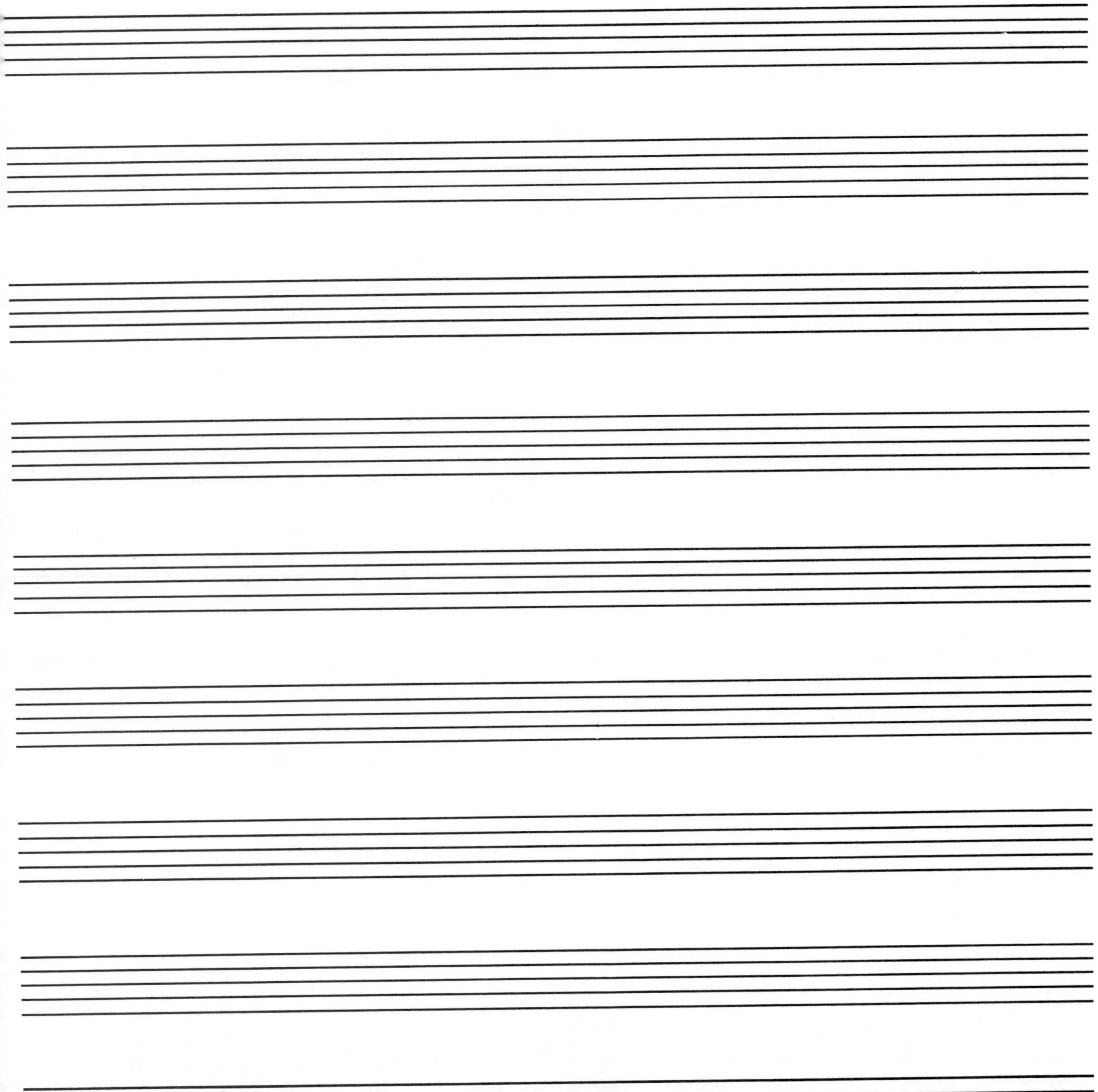

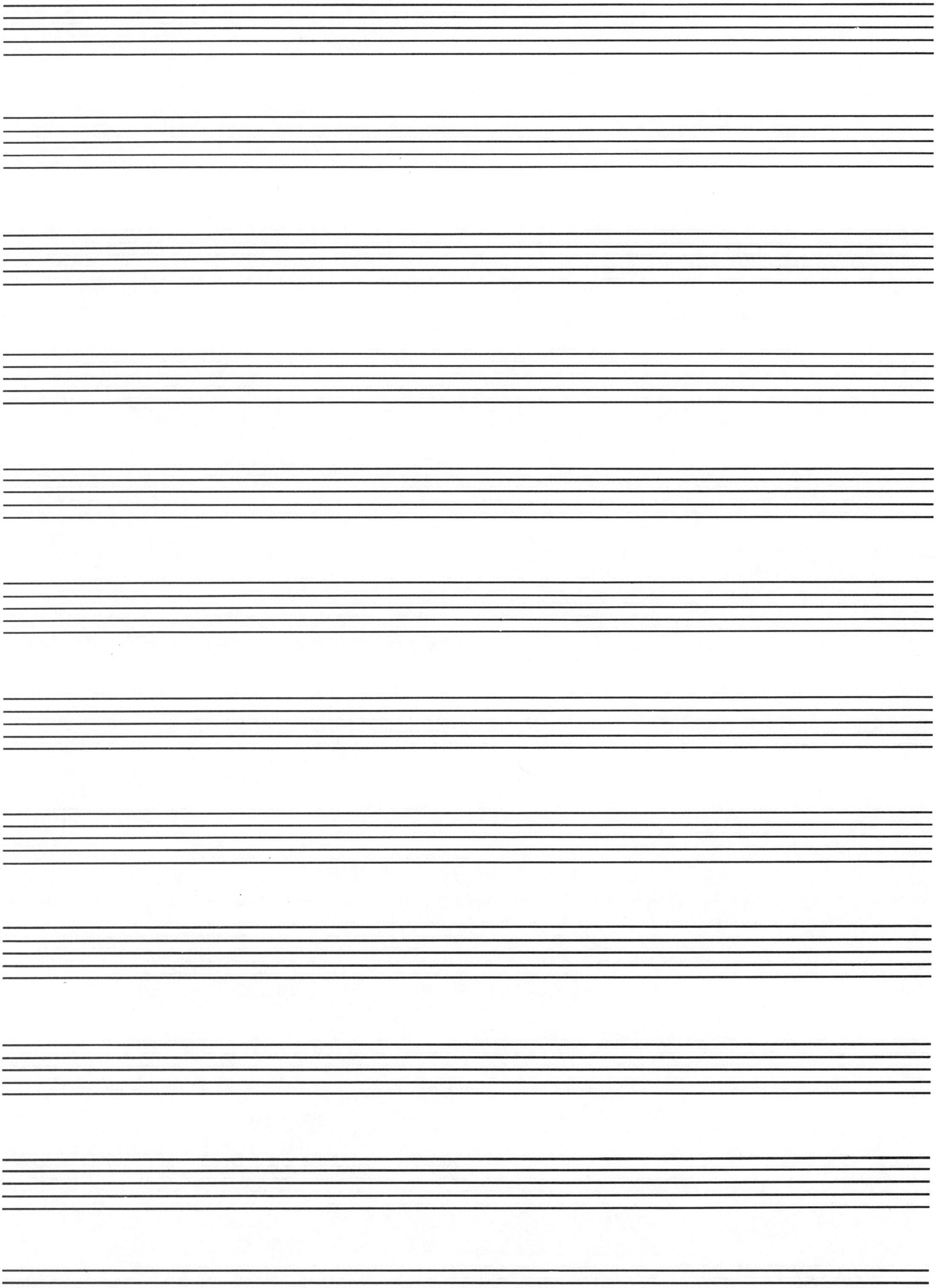

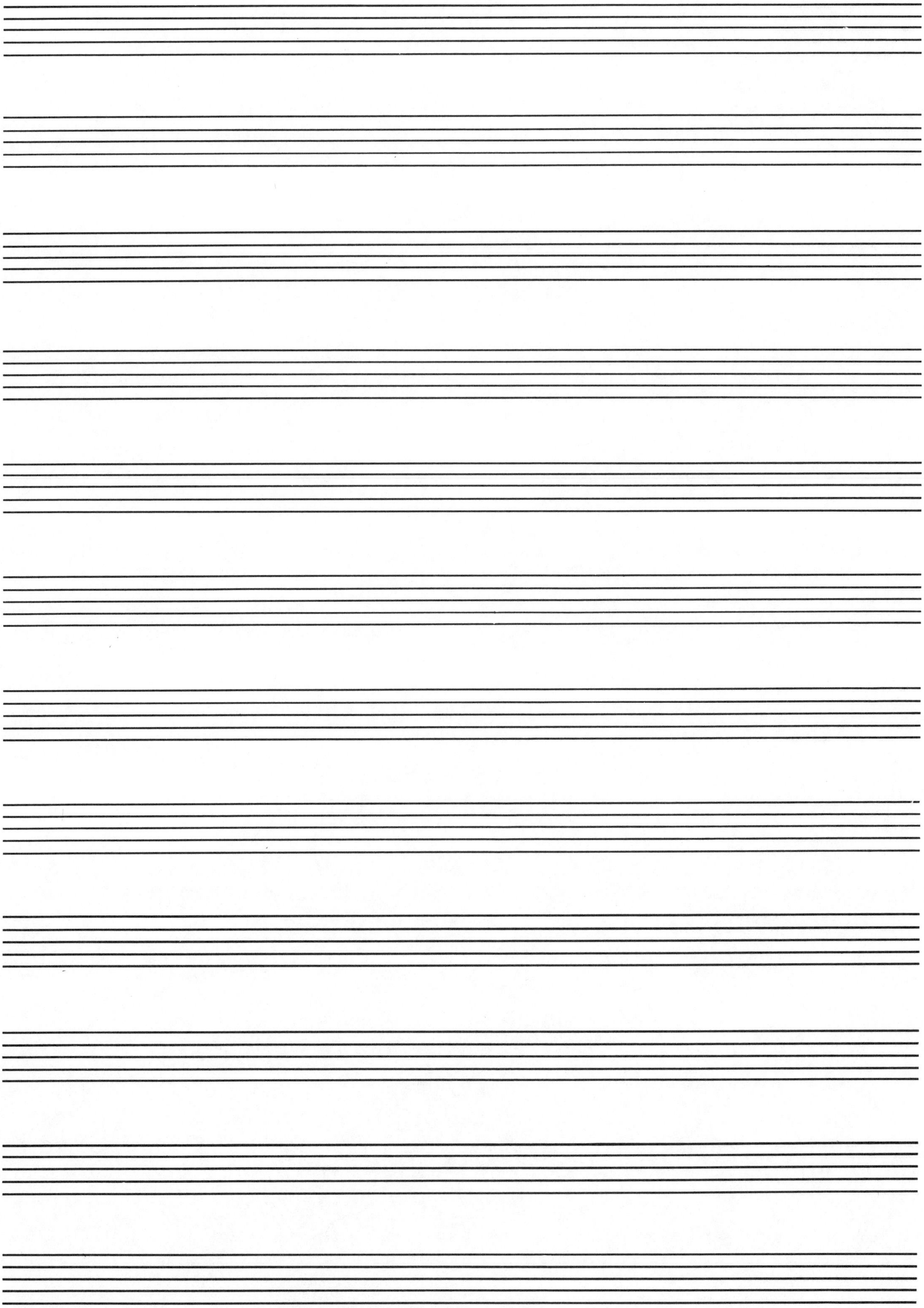

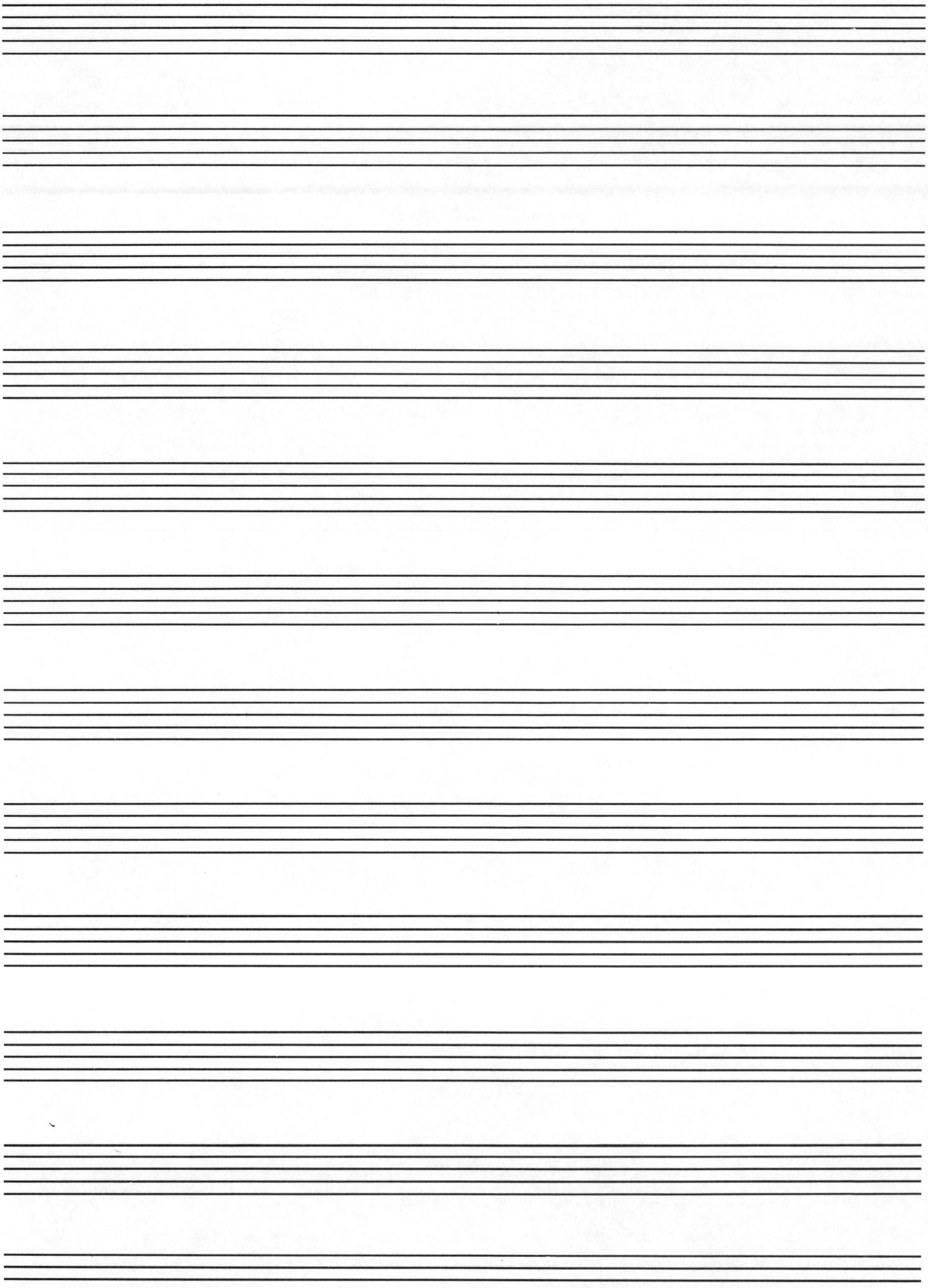

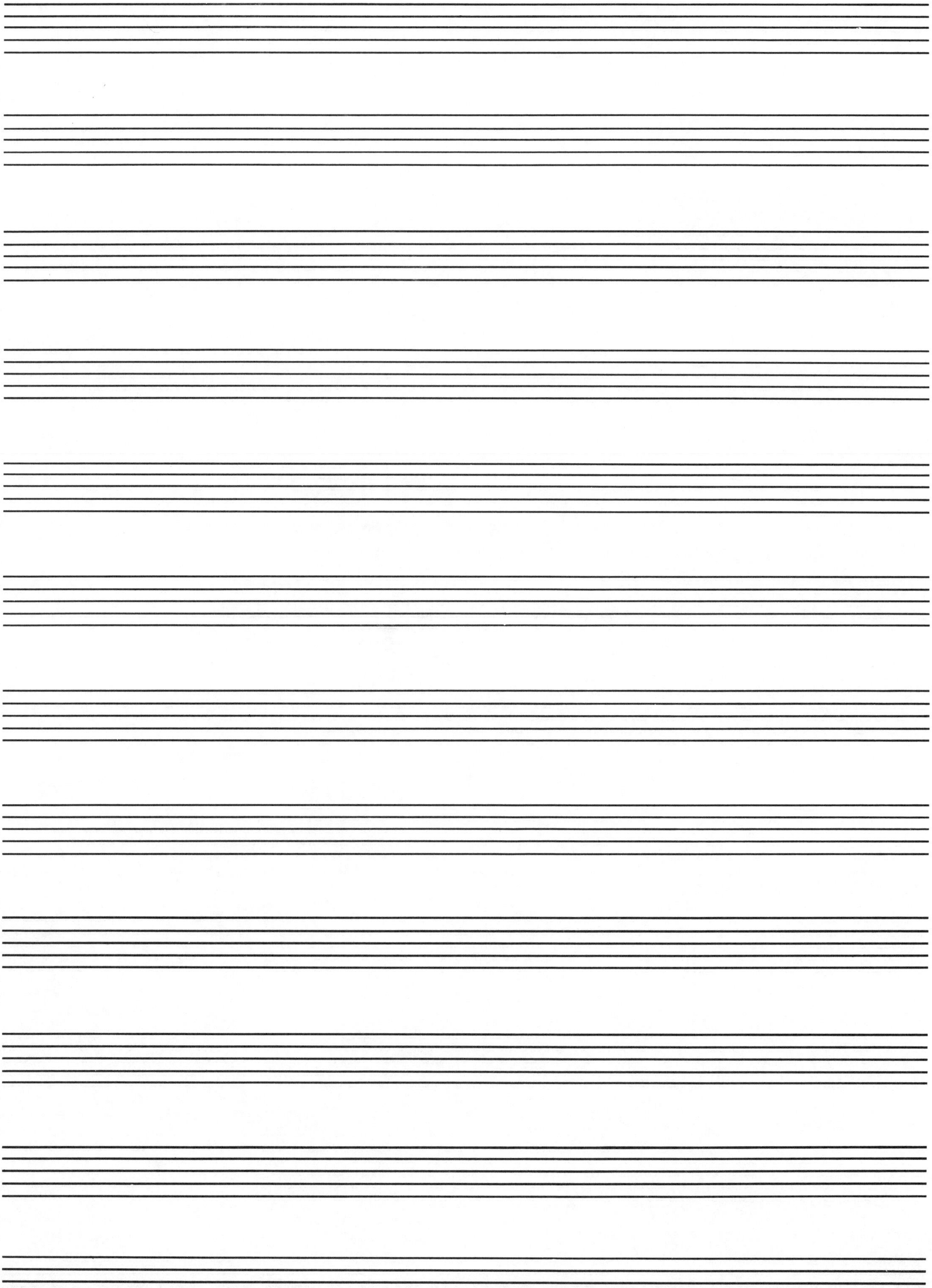

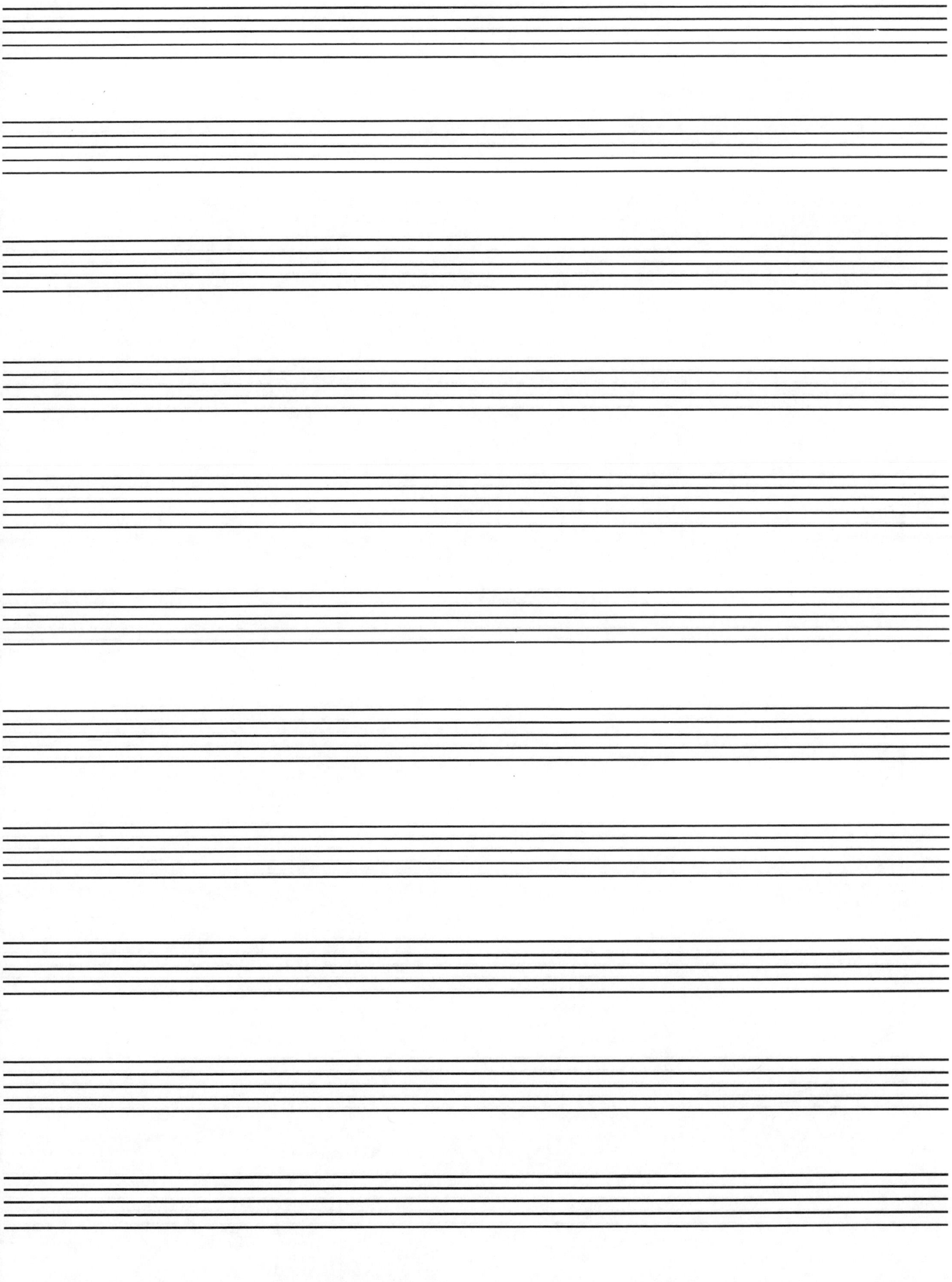

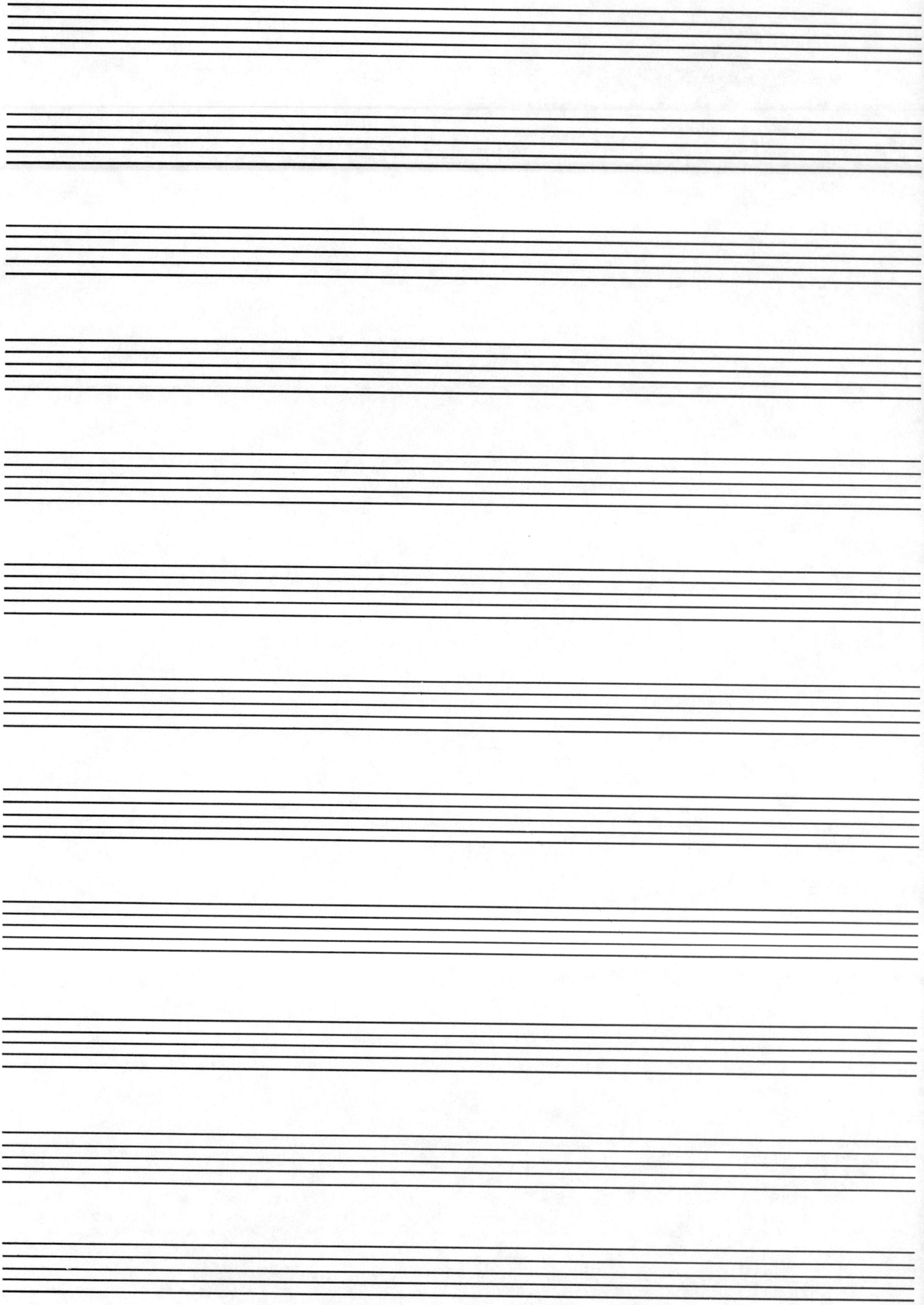

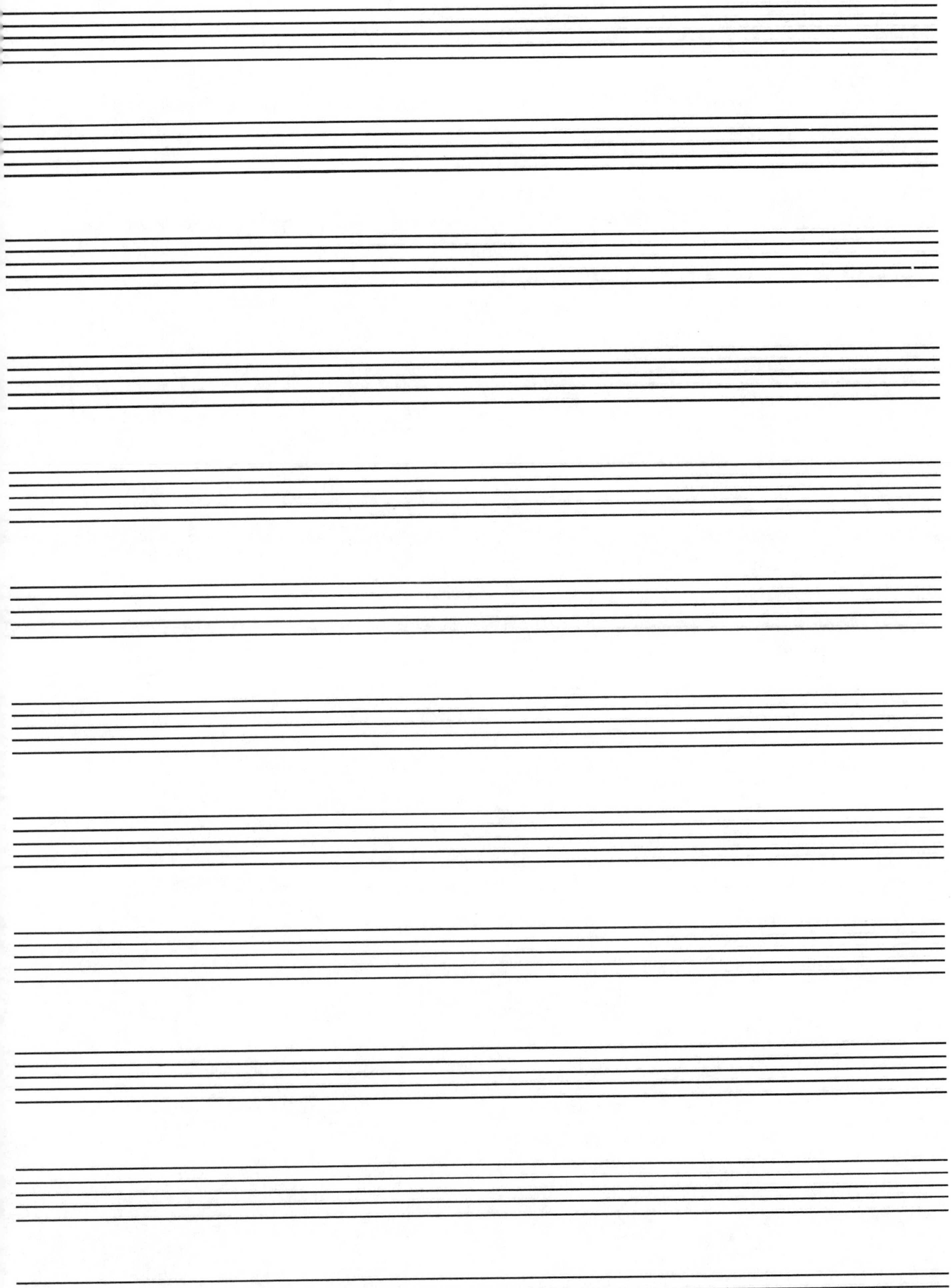

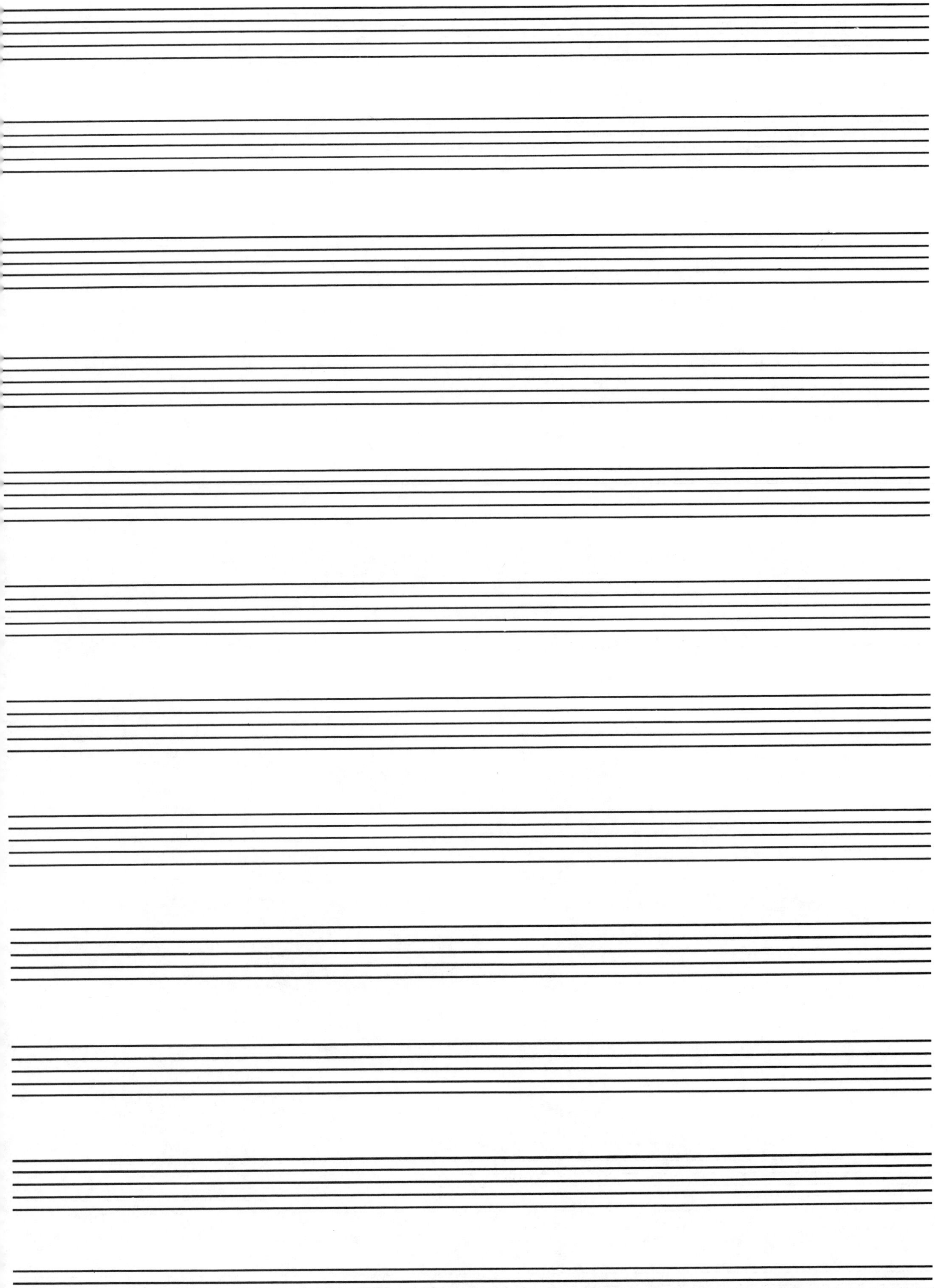

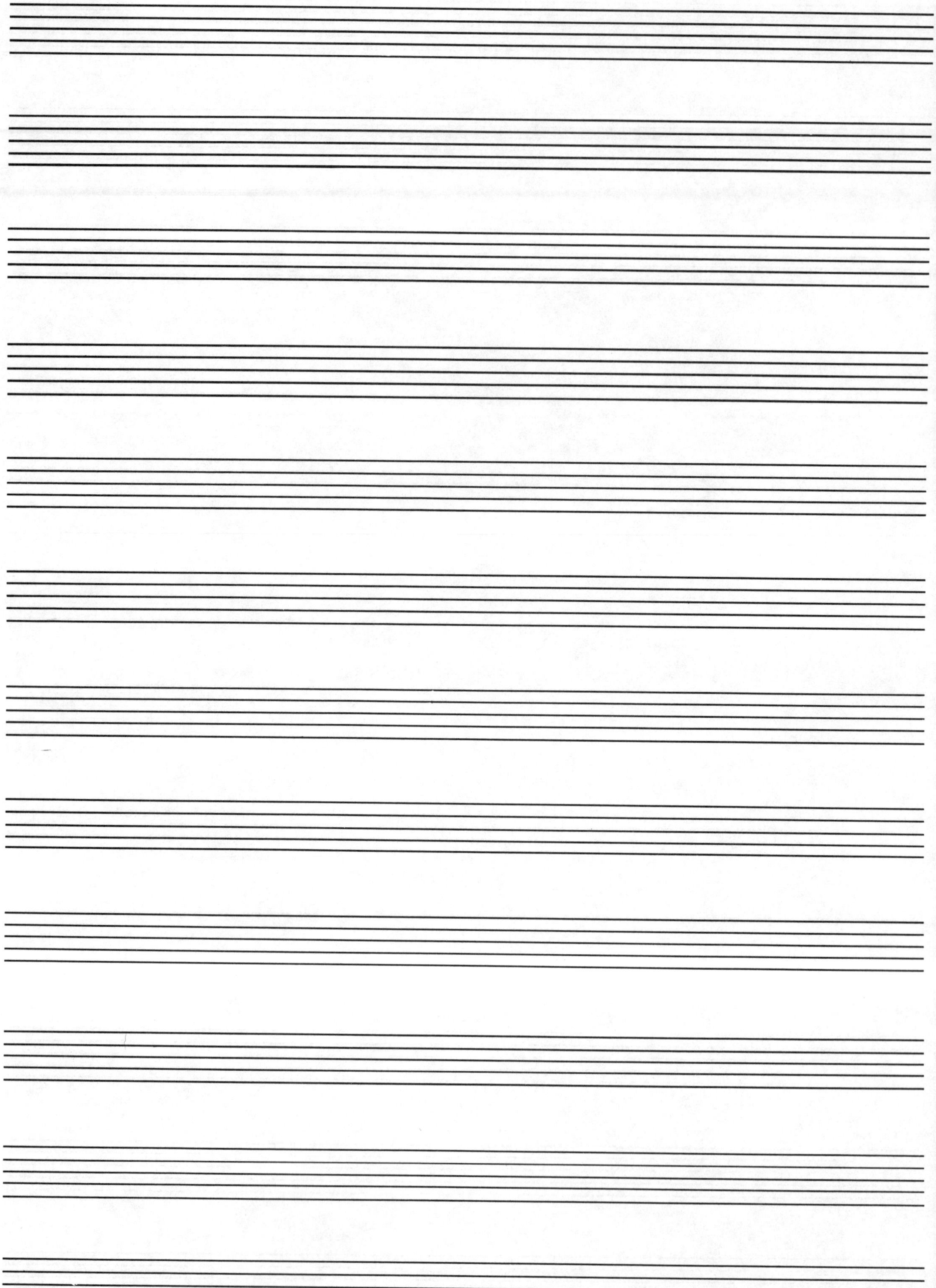

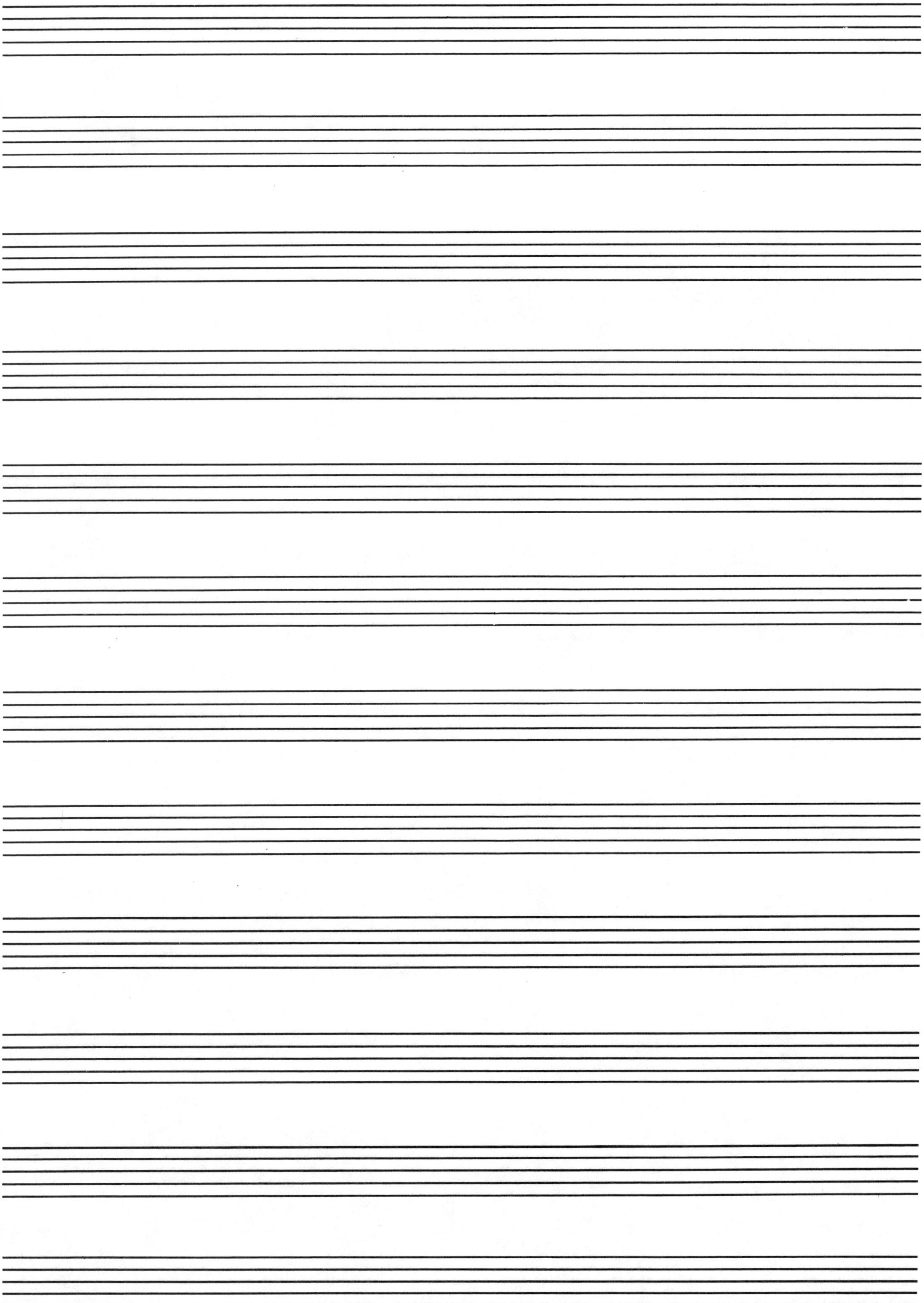

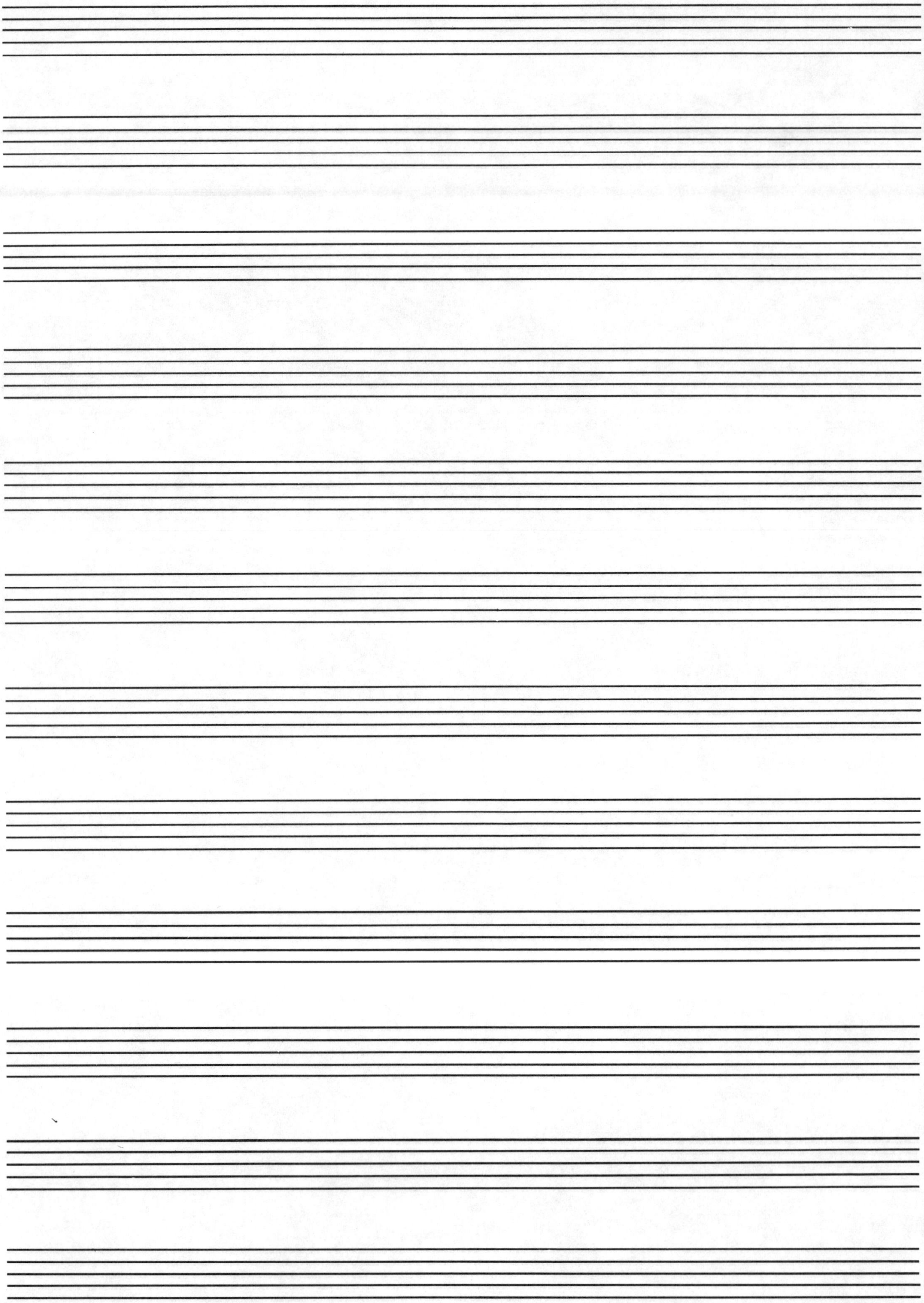

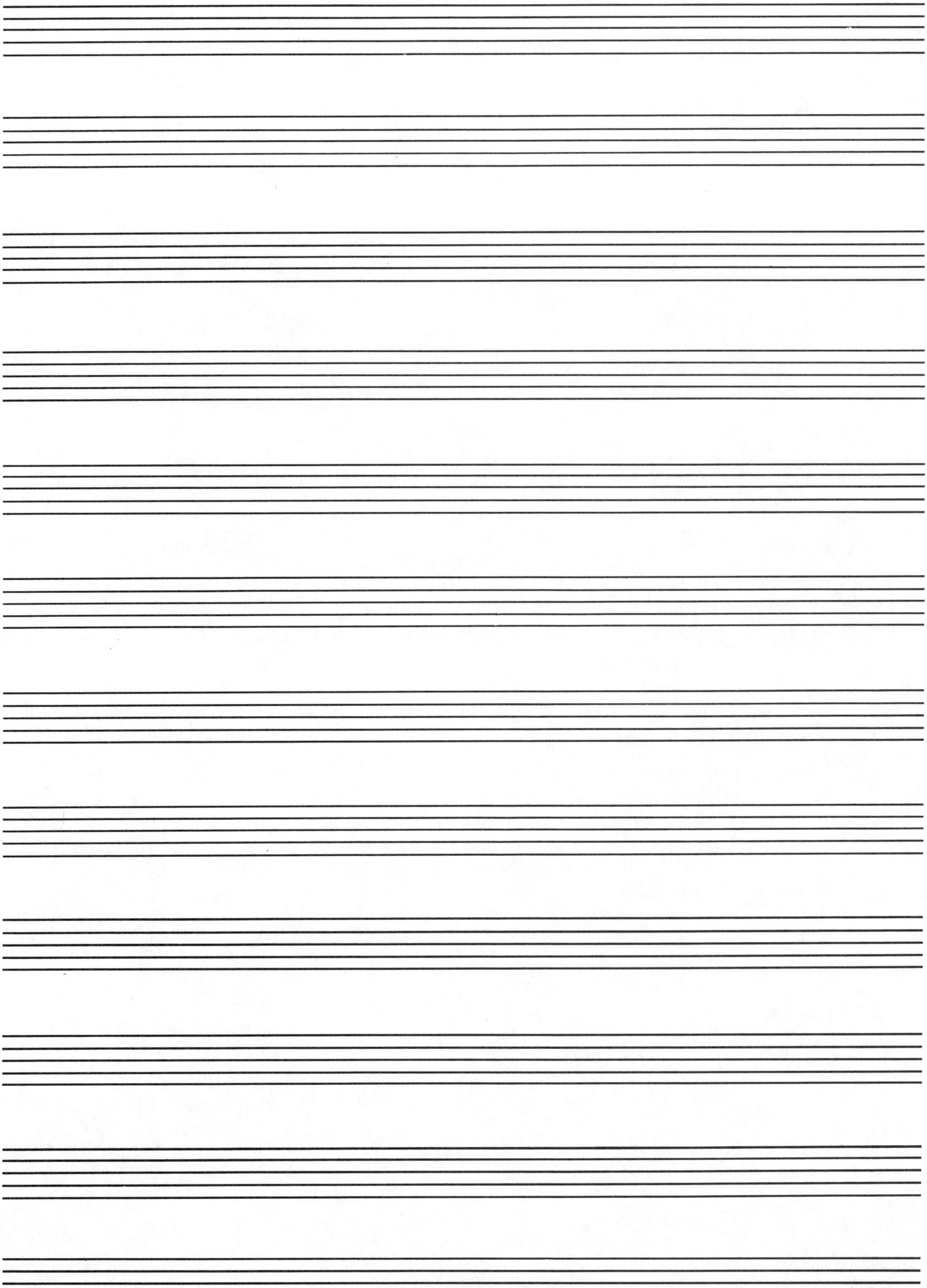

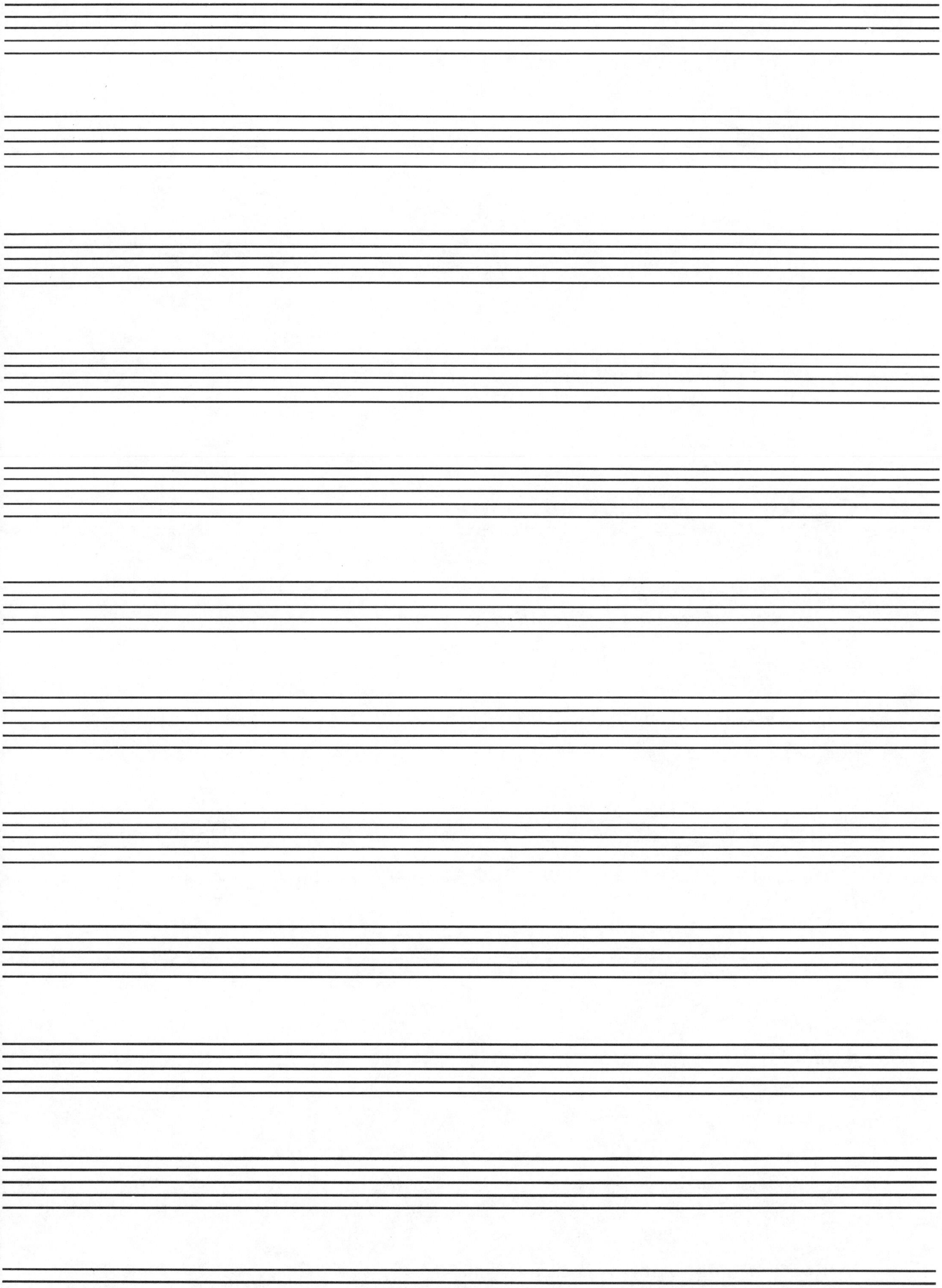

Alli – Jung 5:00